Thank you for your love...

Kiyo, Shiya, Hikaru & Kei.

イラストレーション／
Maki Fujimoto

装幀／
(株) アイ・シー・イー
Nobukatsu Ishie
Sho Takeda

CD 制作／
Camel House Inc.
Haruki Yamawaki

CD 音楽／
Mark Sato
http://www.marksato.com

アカシック・レコードの
扉を開ける

光の鍵

Ojha Emu Goto

明窓出版

アカシック・レコードとは？

アカシック・レコードとは、宇宙にあるといわれる、あなたの過去・現在・未来の記録のことをいいます。アカシック・レコードの情報をチャネラーに頼らずに、自分で受け取ってみませんか？
心と体がすっきりした状態を作ると、アカシック・レコードの情報は誰でも受け取ることができます。浄化のための18の「光の鍵」を手にして、あちこちに滞《とどこお》っている、しこりやこりをやわらかくして身体の外に出してしまいましょう！　すると、今まで考えもしなかった新しいことが見えてきて、人生も明るくなってきます。そして、自分が知りたい答えを自分で得るのです。この本は悩めるあなたへの宇宙からの光の贈り物、アカシック・レコード自己リーディングのバイブルです！

（リーディングでヴィジョンが浮かんだ時に、意味を読み解くための、読み解きディクショナリー。夢判断にも同様に用いることができます！）

目次

アカシック・レコード・リーディング読み解き

オラクル・カード

〝アカシャ〟のこと

宇宙には、すこしは知られているけれど、ほんとうにはまだ知られていない、〝アカシャ〟というおとぎの国がありま す。宇宙はとても広いです。その広さを簡単に説明することはできないけれど、宇宙にはどんなものもそろっているということだけは、たしかに言えることです。博物国、記念国、そして……図書国もあります。

図書国ときたら、宇宙のぜんぶの存在の過去・現在・未来のもれのない情報の種が、役所畑に蒔かれているのです。もしあなたが、自分のことがよくわからなくて、もっと知りたいと思ったら、その図書国に行くといいと思います。役所畑には畑司書さんがいて、あなたの情報種から育った食物を渡してくれます。……その食物を食べたら、あなたはとっても元気になります。宇宙食はなかなか身体によいのです。その図書国の名前が〝アカシャ〟といいます。

アカシャ国への道のり

アカシャ国までたどりつくには、とっても長くかかるひともいれば、びっくりするくらい速く着いてしまうひともいます。どうも気持ちによって、かかる時間が違うようです。

……ほんとうに不思議です。道は、一本道なので迷うことはありません。そこに道があるということを、知ってさえいれば……。アカシャ国に向かう道の、最初のゲートを開けるのは18個の「光の鍵」なので、それだけは忘れないように、持っていってください。

18個の「光の鍵」は本の中に入っています。ひとつひとつ順番に手にしてください。ぜんぶの鍵を手にしたら、そのあとはCDを聴きながらテキストに沿って進みます。そしたらもう、目的地までは、らくらくドライブです。

ロード・ナビ

こころという湖へ↓こころという湖を潜る↓光のとどかないところに到着↓さらに潜る↓湖の底に到着↓海底トンネルの入口に到着↓海底トンネルを進む↓どんどん進む↓巨大な湖に到着↓巨大な湖の中に浮かぶ、アカシャ国のゲートに到着↓18の「光の鍵」を使ってゲートを開ける↓アカシャ国の役所畑に向かう↓役所畑に到着↓自分の担当畑司書さんを呼び出す↓担当畑司書さんにご挨拶をする↓畑司書さんに聞きたい事を質問する↓答えをもらう↓畑司書さんにお礼を言う↓アカシャ国の門を閉める↓もと来た道を安全に戻る。

アカシック・レコード・
リーディングをするために必要な

18の「光の鍵」

1の鍵「祈り」

マヤ族の血をひくひとたちは世界のどこに住んでいても、毎年マヤ暦の新年の日には、お祝いの火の儀式を壮大に行っています。儀式は深い森の奥で行われます。まず地面に大きな円が描かれ、円の東西南北を示す、赤、オレンジ、黄色、白の大きなロウソクが置かれます。円陣のまわりは砂糖やチョコレートで囲まれ、円の中には香木が積み上げられていきます。ロウソクに火がつけられ、儀式が始まると、砂糖やチョコレートが溶け出して、森中に甘い香りが漂いはじめます。火はどんどん投げ入れられる枝やロウソクで大きくなり、火をとり囲んでいるひとびとの心を高揚させていきます。火の儀式はまた、祈りの儀式でもあります。シャーマンたちが次々に祈りを捧げていきます。まずはじめに、母なる地球を汚してしまっていることへのお詫びが述べられます。次に自分たちを育んでくれる大地と海と風と太陽に、感謝を捧げます。そして遠地で戦っている戦地の人々の無事をお願いして、次に家族の安全をお願いし、一番最後に自分を守ってくれるようにと祈ります。祈りは、マヤのひとたちに限らず、どんな祈りであっても、宇宙につながるための大切な最初のステップです。古来からひとにには祈りの習慣があったので、あなたに今まで祈った体験がなかったとしても、祈ることの意味は魂の中に刻まれているはずです。祈りを行い、まずそれを思い出してみましょう。

☆祈りの言葉☆

心が静かになる場所を選んで座り、目を閉じます。気持ちが落ち着くまでそのままにしていましょう。深い呼吸を3回行います。祈りの内容は、マヤのひとたちに習って、まずはじめに、母なる地球へお詫びの言葉を述べましょう。自然への感謝の気持ちもちゃんと言葉にします。温かく優しい気持ちになったら、自分が地球のなかでどんな存在であるのかを考えます。広い宇宙の中ではどんな存在なのかも考えます。そして、「アカシック・レコードにアクセスするためのすべての鍵を無事に手にすることができますように！」と祈ります。

この祈りはとても大切です。祈りはかならず宇宙に聞き届けられると、ちゃんとご自身に言い聞かせるのも忘れないでくださいね。さあこれで、あなたは1の鍵を手にしました！

LIGHT 2 の鍵

「深呼吸」

ネイティブ・ハワイアンのひとたちが日常の挨拶に使う、〝Aloha〟（アローハ）という言葉は、「共に呼吸をする」という意味だということをご存知でしたか？　またハワイのひとたちは、西洋人を「息をしていないひとたち」という意味の、〝Haole〟（ハオーレ）と呼ぶそうです。

忙しい社会で生活していると、つい呼吸のことをおろそかにしてしまいますが、考えてみると、呼吸は生きるために一番たいせつな機能ですね。でも、ふだんは気にとめることがなく、ほとんどのひとが浅い呼吸をしています。

最近では深い呼吸をすることが、ひとの心身にとって、とても大切だということがわかってきました。さらに、今までは頭だけが情報を受けとめるところと考えられていましたが、お腹のあたりで感情を受けとめているということがわかってきました。そこで最近では、お腹のあたりを「第二の頭脳」と呼び、深呼吸が重要視されてきています。

悲しい気持ちや嫌な気持ちのエネルギーが、あなたのお腹のあたりに溜まっていませんか？　おへそ地帯は、じつは不良達のたまり場だったのです。

宇宙とつながるには、気持ちが軽やかになることが大切なので、たくさん深呼吸をして、この不良たちを追い出してしまいましょう。

☆深呼吸の方法☆

快適な場所に、あおむけに寝転んでください。おへそのすぐしたのあたりに手を当てたまま、しばらくいつもの呼吸をします。気持ちが落ち着いたら深く息を吸い込み、手をあてているお腹を大きく膨らませるようにしてください。そしてやさしく息を吐きます。

寝ている時は誰でもお腹で呼吸をしているので、リラックスして行えば腹式呼吸はとても自然に感じられて、簡単です。苦手意識を持たないで挑戦してください。お腹のあたりの不良のかたまりに、吐き出す息と一緒にさよならするつもりでやってみてください。

この深呼吸を15分間続けます。さあ、これであなたは2の鍵を手にしました。

（妊娠中のかたは、深呼吸に関しては必ず医師の指導に従ってください。）

LIGHT 3の鍵「看板作り」

「あなたはどういうひとですか？」と訊かれたら、あなたはどんな風に返事をするでしょうか？これは職業のことをきいているのではなくて、どういう存在ですか？という問いかけです。あなたが存在する理由はなんですか？と訊いているのです。欧米では子供の頃から、この〝Who are you?〟という問いかけに答えられるように教育されるので、自ずと自己の存在を見つめる姿勢が育っていきますが、個を発揮するよりも全体の和を重んじる風潮のある社会では、育まれにくい感覚です。

日本人が海外でこの問いかけにあうと、その答えとして、とっさに自分の学歴や属している会社のことしか思いつかないものです。このことを〝存在理由（アイデンティティ）〟とよびますが、宇宙では、どの国のひとかとかどんな肌の色かとか、そのひとを見分ける手がかりにはまったくなりません。手がかりになるのは、どんな中身のひとなのかということだけなのです。そこで、あなたのアイデンティティを示す看板を作っておきましょう。

看板さえかかげていれば、宇宙でも、あなたのことをよくわかってもらえるので困ることはありません。それに、自分の看板があると、毎日の生活のなかでも、便利なことがたくさんあります。なにより自分に自信が持てます。

☆看板作りの方法☆

最初に、自分が写っている写真を、すべて見直してみてください。眺めてみて、その中から、一番好きな写真を一枚選びます。年齢や時期はいつでもＯＫです。選んだら、その写真を、今度は〝他人の目〟で眺めてください。そして、その写真のひとがどんなひとだと感じるかを思いつくだけ書き出します。その写真の人物にぴったりの新しい名前もつけてください。それはあなたの魂の名前です。厚紙にその写真を貼り、魂の名前を書きこみます。写真の人物の素晴らしさを示すキャッチフレーズを作って、写真の横に書きましょう。それが宇宙に向けたあなたのアイデンティティの看板になります。それを毎日一番長い時間を過ごす、よく見える場所に置いておきます。さあ、これであなたは３の鍵を手にしました！

LIGHT

4の鍵「心の砂絵」

心の中は、一つではなく、実は、いつも見えている〝顕在意識〟と、あるのだけれどいつもは見えていない〝潜在意識〟のふたつに分かれています。あるのだけれど見えないところは、いつも見えているところの10倍くらい大きいといわれています。

そこは、全体が大きなクロゼットになっていて、引き出しがたくさんあるのです。その引き出しの中に、何でも入れる事ができるので、忘れてしまいたいような嫌なことも入れることができます。いちいち気をつけなくても身につけておきたい習慣なども入れることができるし、前に思いついたすばらしいアイディアも入っています。

自分がふだん見ることのない、そのクロゼットの引き出しの中身を、時々見ると、心の全体の様子が把握できると思いませんか？　自分が本当は何を求めているのか、何をしたいと思っているのか、わからなくなってしまったときなどに、このクロゼットの引き出しの中身を見る事ができると、アイディアやパワーをもらうことができます。

クロゼットのある潜在意識は、見ようとしてもすぐには見る事ができません。潜在意識が自然に引き出されるちょっとした楽しい仕掛けが必要です！
その仕掛けが、この「心の砂絵」です。

☆心の砂絵の方法☆

直径30センチくらいの深皿ひとつ、砂（深皿の底から2センチ埋まる量）、15個の小石、ティーキャンドル一個、鉛筆一本、5センチ大のプチ人形を用意します。深皿に砂を入れ、お皿を揺すって砂の表面を平らにします。砂に鉛筆の先で好きな線を描きます。

波の形でも曼荼羅状でも、直線を重ねるのでも、手が動いていくのに任せて描いてください。そこに、小石とプチ人形とティーキャンドルを配置します。キャンドルを灯して、全体を眺めてみましょう。プチ人形は、あなた自身です。キャンドルの光に照らされているのは、あなたの潜在意識の様子です。よみとりのルールにこだわらず、今の自分の深い心をそのまま受け取ってください。さあこれであなたは４の鍵を手にしました！

5の鍵 「レッテルはがし」

多くのひとたちが、大人になるまでの間に、いろいろなマイナスのレッテルを貼られてしまいます。ここでいうマイナスのレッテルというのは、「あなたはダメな人間だ」というような、一般的には〝すりこみ〟といわれる、うれしくないきめつけのことです。

情報社会に生活していると、自分と他のひとを比較して、持たなくてもいい劣等感を、自分に植え付けることもときどき起こってしまいます。そうした思い込みを、そのままにしておくと、気づかないうちに、いつのまにか本当の自分の力をなかなか発揮できなくなってしまいます。これが、私はどうせこういう人間だから……という〝既成概念〟で動きがとれなくなっているやっかいな状態です。

自分を決めつけてしまったら、そこから成長することが出来なくなってしまいますよ。勇気が出るようないいレッテルなら役にもたつのですが、そうでないものはこの機会に、全部はがしてしまいましょう。可能性に満ちたあなたには、マイナスに働くようなレッテルはもう必要ありません。何にもとらわれない自由な気持ちをまとうことが、宇宙へアクセスするために必要な宇宙服を着ることになるのです。それに、この宇宙への旅には、重い物が持っていけないので、重い荷物は捨てて、できるだけ軽くしなくてはなりません。意を決して、自分改革を実行しましょう！

☆レッテルはがしの方法☆

一番最近の自分の写真と、文字の書ける付箋を用意してください。自分の写真を見ながら、いままでひとに言われたり、自分に植え付けてしまった、ネガティブなきめつけを、ひとつずつ付箋に書いていきます。小学校、中学校、高校、大学、社会に出てから……、両親、学校の先生、会社の同僚からの言葉……、思い出せる限り書きましょう。

その付箋を、写真の上に全部貼ってください。写真が見えなくなるくらいたくさん貼られたかもしれませんね。貼り終わったら、しばらく眺めて、一気に全部はがします。はがしたレッテル（付箋）はゴミ箱に捨ててしまいます。もうあなたを縛りつけていたマイナスのエネルギーは消え去り、身軽になりました。さあ、これであなたは5の鍵を手にしました！

6の鍵 「ラブ増幅」

アンマという名前の、北米でハグ・エンジェルと呼ばれている聖女が、インドの小さな村に住んでいます。彼女は一年の半分をインドで過ごし、あとの半年は世界中をまわり、ひとびとをハグ（抱きしめる）しながら、多くのひとたちの病を癒すという奇跡を起こし続けています。日本にも訪れていますので、ご存知のかたもいらっしゃると思います。そのインドの聖女アンマは、愛についてこのように語っています。

「名前がついている愛は真実の愛とはいえません。恋愛も母性愛も父性愛も、人生のスパイスにするには素敵なエネルギーだけど、その多くが〝自我〟によるもの……。I（私）もYOU（あなた）も存在しない、ただLOVE（愛）だけあるのがほんとうの愛とよべるものなの……」

アンマがひとびとにそそぐ愛のエネルギーは形がないので、細胞に浸透する、直接的ないやしのエネルギーになるのかもしれません。本当の愛が自分の中にどんな形であるのか、見つけてみましょう。

本当の愛の絶対条件は、「変わることがない」、「見返りを求めていない」、「痛みを受けたり与えたりしない」です。本当の愛は、魂の核の最も素晴らしい部分から湧き出てくる力なので、宇宙への旅行中、どんな暖房にもまさる、ぬくもりになります。

☆ラブ増幅の方法☆

紙を一枚と鉛筆、ローズクオーツ[*]を用意します。紙に左記の例のように、「私は～」に続けて、自分の愛の気持ちが発揮された瞬間のことを書きます。文中の〝私〟と書いた部分を消しゴムで消し、紙を4つ折りにしてテーブルに置き、その上にローズクオーツをのせます。紙に書かれている、〝私〟の存在しない自我のない愛のエネルギーが、ローズクオーツの助けをかりて、大きくふくらんでいくのをイメージしましょう。胸のあたりが温かくなってくるはずです。さあ、これであなたは6の鍵を手にしました。

例：〝私は、病気の彼の看病をした。彼に元気になってもらいたいから〟

＊ローズクオーツとは、やさしくハートチャクラを開き、愛を与えることと、受けることの両方を増幅させる効果のあるピンクのクリスタル

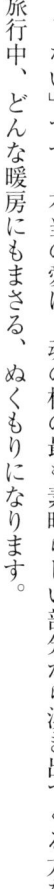

7の鍵

「飛行機ふわり」

ひとの感情を、〝陰〟と〝陽〟にわけてみましょう。陰の感情は、自分に対して向くもの、陽の感情は外に対して向かうもの……という風に。

「怒り」という感情のことを考えてみると、これは外に向かう感情なので、陽に入ることになります。それでは、怒りが爆発したとき、身体の状態はどうなっているのでしょう? 身体の中では免疫力が急激に上昇します。その局面だけみると、元気になるので、一見身体にとっていい現象のように思えます。でも「怒り」のエネルギーは高まったあと、つぎは自分を攻撃してくるので、結果としてマイナスに働いてしまいます。

どのように攻撃するかというと、内蔵をギューッとしめつけ緊張させたりするので、肝臓が固くなってきます。そして、たびたびその状態が重なると、肝硬変などを引き起こす恐ろしい要因にも!

怒りを発散させて、ストレスを手放したつもりでも、実際には自分にはねかえってくる暴れ者。怒りっぽいひとを、ヒーラーの目で見てみると、心にたくさんの地雷が埋まっているのが見えます。地雷は掘り出して、消滅させてしまえば、爆発は防げそうです。

地雷の形にはパターンがあるので、それがわかれば、自分で除去することができます。怒りは重いエネルギーですが、簡単な方法で取り去ることができるのです。

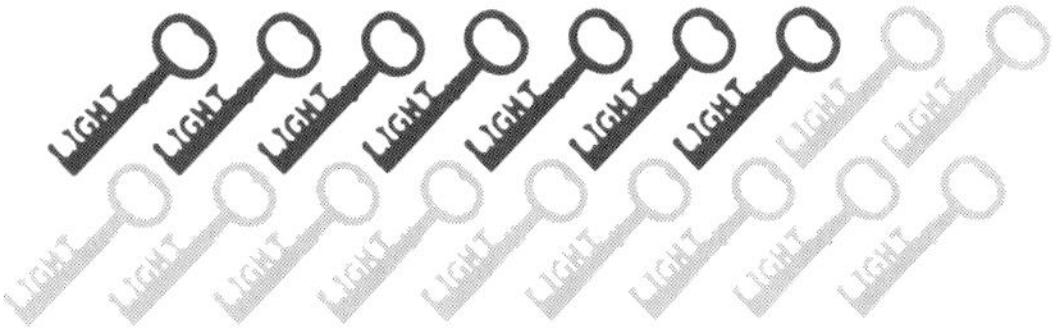

☆飛行機ふわりの方法☆

紙を一枚用意して、縦に線を書いて3分割してください。そこに3つの項目、「怒りの対象」、「怒った理由」、「その結果」にわけて、記憶に残っている今までの自分の、怒りの歴史を思い出せる限り箇条書きに細かく書いてください。忘れてしまいたいような記憶を再認識するのはつらいかもしれませんが、これは浄化の速攻手段なので、がんばってくださいね！　ひとの「怒り」が引き出される背景には、必ずといっていいほど、成長期の体験が作ったトラウマがあります。つまり怒りっぽい自分は、実は後発的に作られた自分なのです。地雷の形を発見して、遠くへ飛ばしてしまえば、本来の優しいあなただけが残ります。書き終わったらその紙で飛行機を折ってください。紙飛行機です！　広場で、紙飛行機をできるだけ遠くへ飛ばしましょう！　さあ、これであなたは7の鍵を手にしました。

8の鍵「ハーモニー」

みなさんは自分のなかに、3つの存在がいるのを知っていますか!? それは、ブレインくん（頭）とハートさん（心）とスピリットちゃん（魂）の仲良し3人組です。3というのはふだんは一番仲良くなる数なのですが、2対1に仲違いすることも出てきます。

たいがいブレインくんはとっても賢いことを自負しているので、ついリーダー気分になってしまって、ほかのハートさんとスピリットちゃんを従わせようとしてしまいます。

気のいいこのふたりは、だいたいは大人しくブレインくんの言う通りにしていますが、ブレインくんの態度の傲慢さに疲れてくると、ふたりで相談をして、ブレインくんにわかってもらおうとして、いろいろサインを出しはじめます。

それでもブレインくんが気づいてくれないと、ついに3人のハーモニーは壊れてしまいます。これが〝病気〟という状態が起きる原因なのです。

健康な心身を保つためには、あなたの中で共存している3つの存在に、いつも美しいハーモニーを奏でてもらえるようにしなくてはなりません。美しいハーモニーが奏でられると、心も穏やかになり、身体も活力で溢れてきます。あなたの中の、素敵なブレインくんとハートさんとスピリットちゃんと親しくなって、〝心身のバランス〟をとってもらいましょう！

☆ハーモニーの方法☆

紙を一枚用意して、縦に線を書いて2分割します。そこに2つの項目「ブレイン」「ハート」と書き入れます。そして今この瞬間に「頭」によぎることを残らず、まずブレインくんのところに箇条書きに書きます。次に、今この瞬間に「心」によぎることをすべてハートさんのところに書きます。書き終わったら、その紙を四つ折りにして、合掌した手にはさんでください。目を閉じて胸の前で合掌したまま、〝動物と植物だけが存在する森の様子〟を思い浮かべてください。とても静かな気持ちになると思います。それが「スピリットちゃん」あなたの中心（魂）の意識です。それは〝自我のないあなたの個性〟とも言い換えられます。あなたの掌《てのひら》の中では、いまスピリットちゃんの指揮で美しいハーモニーが奏でられています。さあ、これであなたは8の鍵を手にしました。

9の鍵「オーラ・タッチ」

ひとが毎日いちばんたくさん使う身体のパーツは、なんといっても手です。手でいろいろなことを感じたり表現したりしますね。

手はほかのどこよりも、繊細で敏感な感覚を持っている素晴らしいパーツです。その手が持つ〝触覚〟の能力を使って、あなたのまわりのいろいろな物のエネルギーをきれいにすることができるのです。

やりかたはとっても簡単。ひとも動物も植物も無機物もすべて、エネルギー体なので、中心から広がって、まわりにはエネルギーの帯（一般的にはオーラとよばれている）が出来ているのですが、オーラの表面はホコリがついたり、でこぼこしていたりします。このオーラの表面を、手で触りながらほこりや汚れをとり除き、滑らかにするのが、オーラ・タッチ！

身体のオーラの表面をきれいにすると、それまで肩に感じていたこわばりや重みがとれて、ホッとする軽さを体感できます。

物にオーラ・タッチすると、目に見える変化が起きます。本来の輝きがさらに引き出されて、クリアな光を放ち始めるのです。まず、自分の心身のオーラをきれいにしてみましょう！　それができたら恋人やペットや、お気に入りのプラントやアクセサリー……、何にでも試してみてください。

☆オーラ・タッチの方法☆

目を閉じて、頭上で両手をハの字に開きます。つぎにその手を頭にゆっくり近づけていきます。頭髪に触れる前に、ふわっとした抵抗のような空気があるのを感じてください。頭に近づけたり離したりしているうちに、見えない層のようなものがあるのがわかります。その層は頭だけではなく、身体全部のまわりにぐるりとあるものです。層の表面を、両手でやさしくなめらかにしてみましょう。

上から下に向かって、または左右に手を動かしながら、手の平に感覚を集中させて行います。オーラの表面がすべすべにきれいになっていくのをイメージしながら続けてください。

とても爽快で、気分がよくなってきます。さあ、これであなたは9の鍵を手にしました！

10の鍵 「ド・レ・ミ・ファ・ソ」

小学校で誰もが発声したことのあるド・レ・ミ・ファ・ソ……。このドレミ音階はもともと聖ヨハネ賛歌のドイツ語の歌詞がもとになっている、世界共通の音階だということをご存知ですか？

振動である音には、それぞれ固有の異なる周波数があるのですが、このドレミ音階のそれぞれの音の周波数には、心身をいやすことのできる振動がふくまれているといわれていて、古代からキリスト教会でも〝聖音〟として、詠唱されてきました。聖音を発声して体内に響かせると、体内に内在する癒しの波動が引き出されて共鳴を起こし、その共振がヒーリングとなるといわれています。北米で盛んになってきているヴォイス・ヒーリングなども、この波動の共鳴の原理を応用したヒーリング方法です。

また驚くべきことに、ドレミ音階は、それぞれが、地、水、火、風、空の五大エレメントと響き合う振動でもあるので、インドでは瞑想に使われています。ドレミ音階は発声して、体内に音を響かせるだけで、それぞれの音が異なった目的の浄化につながり、自然に癒しが起こる、すばらしい音階なのです！

☆ド・レ・ミ・ファ・ソの方法☆

静かなひとりの部屋に座って目を閉じます。尾骨から、先にコンセントのついたコードが地面に向かって伸びていくのをイメージしてください。コードをどんどん伸ばし地下を進み、地球の中心のマグマに、コンセントを差し込みます。

①自分が「大地」そのものになったつもりで、尾骨のあたりに意識を集めて「ド」の音を長く響かせる（ドの周波数は〝罪の意識と恐れの解放〟に役立ちます）。

②自分が「海」そのものになったつもりで丹田（臍《へそ》から指三本下）のあたりに意識を集めて「レ」の音を響かせる（レの周波数は〝変化を促す〟のに役立ちます）。

③自分が「火」そのものになったつもりで、胃のあたりに意識を集めて「ミ」の音を長く響かせる（ミの周波数は〝DNAを変換すること〟に役立ちます）。

④自分が「風」そのものになったつもりで、胸のあたりに意識を集めて「ファ」の音を長く響かせる（ファの周波数は〝対人関係の問題〟に役立ちます）。

⑤自分が「宇宙空間」そのものになったつもりで、喉のあたりに意識を集めて「ソ」の音を長く響かせる（ソの周波数は〝直感力を高める〟のに役立ちます）。

①から⑤を3回繰り返します。さあ、これであなたは10の鍵を手にしました！

11の鍵「フード・メディテーション」

口には、食べ物というエネルギーが直接入ってきます。食べ物には、調理したひとの気持ちのエネルギーも加わっています。美味しく食べてもらいたいと、心を込めて作られた料理を口にすると、そこには愛というエネルギーが加わっているので、身体の細胞は喜んで、よく消化し、よい栄養にもなるのです。

逆に、アン・ハッピーな気持ちで調理した、ネガティブな波動が入った料理を口にすると、美味しいとは感じられず、気持ちが低下したり腹痛を起こしたりすることがあります。それでは食材はどうでしょうか? 魚や肉や野菜たち……。そのひとつひとつが持っている波動もエネルギーとして加わって、口に入るのです。料理を作ってくれたひとに対して、感謝の思いを持つように、お皿にのっている食材にも気持ちを向けてみましょう。

口、舌、喉が感じる〝味覚〟という感覚は、ハートと結びついているので、心が充分に満たされていると、ひとはそれほど食欲が過剰になることはありませんが、逆に心が満たされていない時は、過食になる傾向があります。

このことから、食事は心にもっとも影響を与える、大切なものだと納得できますね。味覚を繊細にして、ハートの栄養につなげましょう。

☆フード・メディテーションの方法☆

食事をしながら、食材の一生を想像していく瞑想法です。

ご飯を味わいながら、水田に稲が植え付けられ、太陽や雨を受けながら育っていって、秋の日差しの中で金色の稲穂をかしげている様子を思い描きましょう。稲穂が受ける光や温かさを感じてみます。野菜を味わいながら、土から種が発芽して双葉になり、大きく育ち、色が濃くなっていく様子を想像してみます。

魚を味わいながら、卵から孵化し、大海や川の中で育ち、水の中を泳ぎ渡っている様子や、魚たちが体感した水のさわやかさやすがすがしさを想像してみます。

「いただきます！」は自然界が育んだ生命をいただくこと！さあ、これであなたは11の鍵を手にしました！

12の鍵

「匂いの地図」

鼻腔《びこう》から入ってくるいろいろな匂い……。自分の好きな匂いがしてくると、ひとは目をとじて嗅覚に意識を集中しようとします。これは、脳がその匂いの説明を思いつく前に、純粋な感覚だけでとらえたくなるからなのです。そういうとき、嗅覚はいつもより働いて、よりたくさんの刺激が快感として身体の中に入ってきます。人工的な匂いが苦手で、人工の香水の香りで頭痛を起こすひともいます。嗅覚は身体の健康にも深く関係しているのです。

また、匂いのような目に見えないものは、想像力をかきたてるので、結果として、クリエイティブな感覚を育ててくれる存在でもあります。嗅覚を磨くことで、より創造的になると、宇宙のエネルギーにも敏感になるので、匂いの地図を作るエクササイズで、嗅覚をグレードアップしてみましょう！　この「匂いの地図」を作る遊び……、もともとアメリカの先住民族の森の遊びにヒントを得た、北米で盛んなネイチャー・ゲームという、自然と親しむためのレクリエーションに加えられている、ナチュラリストには人気の高いアイテムのひとつです。まわりに適当な森がなければ、近くの公園などで行ってください。

街に暮らしていて、自然がまったくないと感じていても、本当は自然の息吹はいろいろなところからあなたに届いているものです。

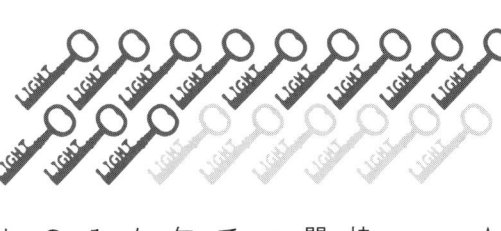

☆匂いの地図の方法☆

スケッチブックとカラーペン、方位磁石（よく百均ショップで目にします）を持って近くの森か公園に行き、景色が開けている場所を見つけて座ります。目を閉じて、5分間そのまま鼻腔に意識を集中してください。深く息を吸い込んで、いろいろな匂いを感じてみます。匂いがやってくる方向を、目を閉じたまま探ってください。どちらの方向からどんな匂いがやってきますか？　樹の匂い、花の匂い、芝生の匂い、苔むした匂い、動物の匂い……。自然のなかにあるいろいろな匂いの微妙な違いを楽しみます。そしてその匂いの主を頭の中に思い浮かべてみます。目を開けて、匂いの地図をスケッチブックに描いてみましょう。まず北の方角を示す記号を描き入れ、いま想像した樹々や花を、匂いがやってきたと思われる地点に描き、地図を完成させます。さあ、これであなたは12の鍵を手にしました！

13の鍵

「磨き鏡」

目は心の窓、と言われるように、目だけが身体の内部が露出している唯一のパーツです。中身が外に見えるところなので、ひとは目を見ることで、そのひとの魂の輝きの様子を感じられるのですね。目を開くことで他のひとに見えてしまう魂の状態……！　そう思うと、自分の魂を磨かずにはいられなくなりますね。

魂を磨くには、どうしたらいいでしょうか？

それには、ネガティブな思考や感情をきれいにお掃除して手放してしまうことが一番なのですが、まず、いつも視覚でとらえている物をきれいにすることからはじめます。あなたが一日のうちでもっとも長い時間をすごす場所をきれいにすると、目とつながっている心もそれにつられて、いそいで整理整頓をはじめます。

そうするとうれしいことに、心とつながっている魂も自動的に磨かれはじめるのです。きれいにするのは鏡からはじめてみましょう！　自分の心をきれいにするつもりで、洗面所、玄関、自分の部屋、リビングルーム、キッチンの順番で、そこに置いてある鏡を磨いていきます。

ひとつの鏡を磨きあげるたびに、ひとつ、ネガティブエネルギーを手放すと理解してください。クリアになった鏡面はあなたの曇りのないクリアな心を映してくれます。

☆磨き鏡の方法☆

鏡の前に立ちます。鏡面を端から端まで眺めてみましょう。くもっているところ、水滴が飛んでしみになっているところ、手あかのついているところ……、汚れのあるポイントをまず把握します。あとは、ガラスクリーナーをつかって、ぴかぴかになるまで磨いていきます。このとき、鏡面を自分の心だときちんとイメージしながら磨きましょう。自分の心を磨くつもりでしっかりと磨きあげます。

磨き終わったら、きれいになった鏡で、自分の目をよく見てみます。目の奥にある心と魂を見るつもりで見てください。

くもりのない鏡にうつる目は、澄んでいて、とてもきれいだと感じるはずです。自分の心もくもりのないきれいな状態になったと想像します。さあ、これであなたは13の鍵を手にしました！

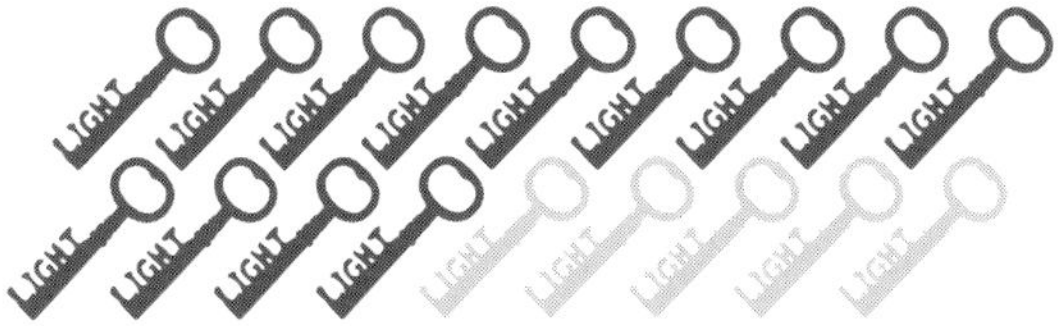

14の鍵 「クリスタル・ボディ」

クリスタル（水晶）には、プラスティックやガラスにはない、特別の硬質な輝きがあります。古代ローマではクリスタルは「永久に溶けることのない氷の結晶」だと考えられていました。

また古代エジプトでは、クリスタルが再生の力を持つと信じられていたので、遺体の上に置かれました。クリスタルはまた、古来から各地のシャーマン（霊媒師）によってパワーを高める石として使われた歴史があります。クリスタルに関する数えきれないほどの言い伝えや、不思議エピソードが各地に残されています。

現在では、世界中で多くのヒーラーがヒーリングの道具として使っています。ネガティブなエネルギーを受けないための保護プロテクターとして……、宇宙とのチャネリングのアンテナとして……、サイキック手術を行うときのメスの代わりとして……。

いろいろな種類のクリスタルを、身体のチャクラ（エネルギーの出入口）に乗せて行うクリスタルヒーリングも、アメリカでは有名です。

地球の知恵やエネルギーを、何万年ものあいだ吸収し続けて結晶したクリスタルは、計り知れない神秘の力を持っています。この高い波動を持つクリスタルと自分を一体化させると、一瞬にして、心身の波動が引き上げられます。

☆クリスタル・ボディの方法☆

見通しのいい廊下に立ってください。前方から大きなクリスタルの身体を持ったひとがこちらに向かって歩いて来る様子を想像します。

しっかりとイメージが出来たら、自分もそのクリスタルの身体のひとに向かってゆっくりと歩き出します。クリスタルの身体とすれ違う瞬間、お互いの身体がぶつかりあい、パチッと音がして、ふたつの身体は融合します。

そこで足を止め、目を閉じて、自分の身体全体がクリスタル・ボディになっているのを想像します。

あなたの心身にあったすべての障害や緊張によるこわばりもクリスタル化されて、波動の高い純粋なものに変わりました。さあ、これであなたは14の鍵を手にしました！

15の鍵「光バルーン・ブーケ」

忙しく過ぎていく日々のなかでは、なかなか考える機会がないことですが、ひとりで生きているつもりでも、実際にはたくさんの人との関わりのなかで、あなたの人生は豊かなものになっているのです。人を原子核にたとえてみましょう。原子核のまわりは電子が回っていて原子核を安定させているように、誰でもまわりに支えてくれるいろいろな人たちがいるから、現在の状態を保つことが出来ています。

ちょっと考えてみてください。スターの人気は上がり始めると、どんどん加速されるでしょう⁉ 多くのひとにしっかりと支えられれば支えられるほど、あなたの人生はくるくると快適にスピンし続け、上昇していきます。

時には歩みを休めて、このことを認識するのは、生きる上で効果的ですし、宇宙とつながりを持つ前に、いまの自分とまわりのひとたちのつながりを確かめて、整えることも必要です。まわりのひとたちに感謝を伝えたり、謝ることがあったら謝罪をして、あなたを取り囲んでいるすべてのひとたちとの関係をすっきりとさせましょう！

実際に相手に対面しなくても、簡単な短い瞑想のなかで意識を向けることで、その浄化は自動的に行われます。

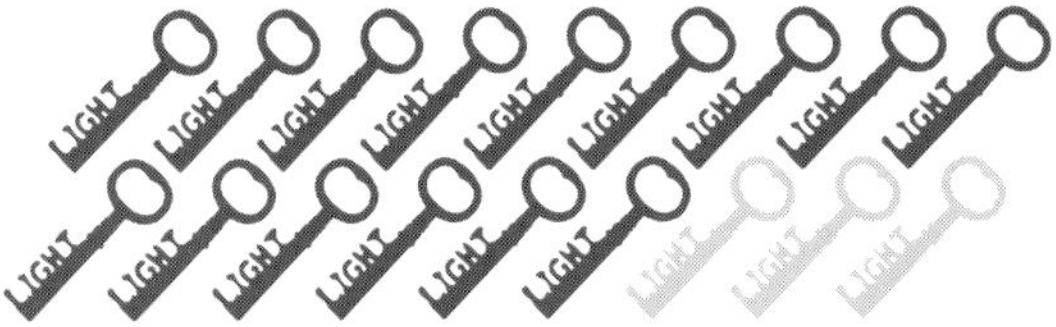

☆光バルーン・ブーケの方法☆

あなたは今、白いドアの前に立っています。そのドアを開けて部屋の中に入ってみましょう。その部屋の中には、たくさんのひとがいます。それらのひとびとは、過去に深く関わりました。

両親、兄妹、幼なじみ、同級生。それらのひとたちはグループごとに集まっています。ひとりひとりのところに近づいて握手をしてください。そして「ありがとう」と言いましょう。

終わったら、外に出る時に、いま握手をしたひとたちから光の糸が、あなたの手に伸びているので、それを全部束ねて持ちます。外に出たら、その光バルーンのブーケを空中に離します。あなたとひとびとのつながりは光のエネルギーに変わりました。さあ、これであなたは15の鍵を手にしました！

16の鍵「虹の衣」

宇宙とつながりを持つということは、自分の魂の窓を開くことでもあります。

窓を開くとエネルギーの出入りが自由になるので、風通しがいい分、無防備な状態になるとも考えられますね。宇宙にはいろいろなタイプのエネルギーがあり、未知の世界へ足を踏み出すのですから、それなりに自分を保護する準備も必要になってきます。

ひとの身体にはたくさんのエネルギーの出入口（チャクラ、または東洋医学では、ツボともよばれます）があります。

そのうちもっとも大きい出入口は、身体の中心である背骨に7つ、メイン・チャクラと呼ばれています。下から、尾骨、丹田、胃、胸、喉、眉間、頭頂で、エネルギーはこれらの各所から取り込まれたり、出て行ったりしています。

その様子は、渦を巻きながら回転しているラッパ状のものが体の外に向かって、各所にくっついているように見えるそうです。

エネルギーの出入りが順調に行われていると、身体も健康に感じられ、心も安定します。このエネルギーの出入口から虹の色の波動を入れて、全身を覆うマント代わりにすると、りっぱな保護服になるのです！

☆虹の衣の方法☆

7色の色鉛筆かクレヨン、またはマーカーと画用紙を一枚用意します。画用紙に7色を使って虹を描きます。内側から、紫、藍、青、緑、黄、橙《だいだい》、赤の順番です。描いた虹を見ながら、まず赤色の光をイメージして大きく吸い込みます。そのとき尾骨に意識を向けてください。ゆっくりと息をはきながら、赤色の光が尾骨から全身に広がって身体の外側にまでひろがり、身体のまわりに赤色の光の層を作ると想像します。同様に、橙色は丹田を、黄色は胃を、緑色は胸を、青色は喉を、藍色は眉間を、紫色は頭頂を意識しながら深呼吸を続けて、各色の光が身体の外側まで広がっていく想像をします。

あなたは虹の7色の光の衣ですっぽりと包まれました。さあ、これであなたは16の鍵を手にしました！

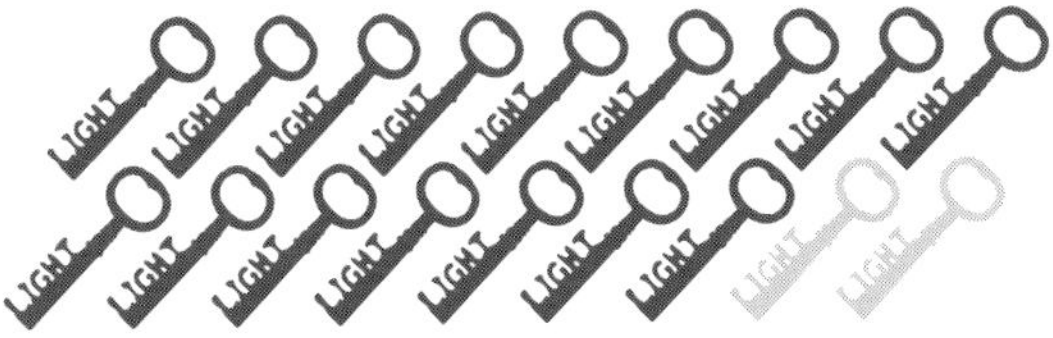

17の鍵

「親子コード・リコネクション」

赤ちゃんが生まれて最初に触れ合う存在は、お父さんとお母さん！　初めて眼に映るもの、初めて聴く言葉、初めて触れる感触……、その経験を与えてくれるお母さんとお父さんとのつながりを体得しながら、赤ちゃんは成長していきます。心理学の分野でも、幼年期の親子のつながりは、成長してからも、いろいろな形で強い影響を与え続けるととらえられています。

ヒーリングの世界での統計では、心身の不調が、左半身ばかりに出る人と、右半身ばかりに出る人にわかれるという現象が見られますが、左半身にばかり問題の出る人は、お母さんとの葛藤や問題を抱えていることが多く、右半身にばかり問題の出る人は、お父さんとの葛藤や問題がある場合が多いという傾向が報告されています。

親子の関係によっても心身の状態に影響が出ることがあるのです。目には見えないけれど、親子をつなぐ〝親子コード〟があるのです。〝親子コード〟がねじれていたり、こんがらがっていたりしたら、宇宙への旅立ちはむずかしそうです。この機会に、コードの状態を見直して、いいつながりになるように、リコネクトすることにしましょう。

☆親子コード・リコネクションの方法☆

静かな場所で、目を閉じて、ゆっくりと3回、深呼吸をしてください。心が落ち着いたら、目を閉じたまま、あなたのお母さんのことを思い浮かべてください。あなたの正面の左前方で、あなたと向き合っている様子を想像します。お互いの胃のあたりからコードが伸びてそのコードが真ん中でひとつに結ばれるのを想像します。コードが光り輝くイメージが浮かび、左半身が温かくなってきたら、お母さんとのコード・リコネクションは成功です！　次に尾骨から光のコードを大地にむけて伸ばして、地中にしっかりと埋め込みます。これであなたは地球というお母さんとも、結びつくことができ、大地のエネルギーを受け取ることができるようになりました。今度は、お父さんのイメージを右前方においてください。お母さんとの間で行ったと同じことをお父さんとの間でも行います。お父さんとのリコネクションに成功したら、光のコードをあなたの頭頂部から宇宙に向けて伸ばしてください。宇宙の源のエネルギーのところにまで伸ばして、宇宙からのエネルギーを受け取ることができるように、しっかりと結びつきましょう。さあ、これであなたは17の鍵を手にしました！

18の鍵「心の湖ダイブ」

ひとの心の中って、本当に不思議です。

海に浮かぶ流氷にたとえられるように、表面に見えている部分はほんの少しで、海の下に沈んでいる、見えていない部分はとてつもなく大きいのです。自分の心のことを考えてみても、その見えない部分にどんなものが入っているのか興味津々です。素晴らしい思いつきもそこからやってくるし、忘れていたい嫌なことが、なにかの弾みで表面に上がってくるし、プラスのものもマイナスのものも入り乱れているように感じます。

心の中を湖と想定してみてください。ウエット・スーツを身につけて、潜って探索してみることにしましょう。思えばそこにあるマイナスのものもプラスのものも、どちらもエネルギー体です。アカシック・レコード・リーディングという、燃料を要する宇宙への旅をするにあたって、エネルギーはいくらでも欲しいところです。

そこで、自分の潜在意識にダイビングして、心の下のほうに沈んでいるマイナスのエネルギーもプラスに変えて、使うことにします！

☆心の湖ダイブの方法☆（以下のようにイメージします）

あなたは湖の岸辺に立っています。湖の水は透明に澄んでいるのですが、深いために底までは見えません。これから防水服を着て、湖の中に入っていきます。湖の岸から湖底にかけて、なだらかな傾斜があるので、ゆっくりと傾斜に沿って湖の中へと降りて行きます。水が背の高さを超えるところまでくると、そこから、下に向かって階段が続いています。階段を10段下りると、湖の底に着きました。全体を見回してみると、そこは広場になっています。広場には一脚の椅子が置かれているのでそこに座ります。椅子に座ってまわりを見回すと、湖底広場には大きな黒い石がいくつも転がっています。それらの石たちは、あなたの心の深いところにある、いろいろな負のエネルギーです。両手を広げて、手の平から紫色の光を石に向けてさあっと放射します。すると石は金色に輝きはじめます。そこにあるすべての石に光を当ててください。すべての石の色が金色に変わったら、終了します。あなたの心の潜在領域にあったネガティブなエネルギーは、ポジティブなエネルギーに変換されました。椅子から立ち上がり、いま降りてきた階段を上って湖の岸辺に上がります。さあ、これであなたは18の鍵を手にしました。

あとがき

わたしは日本からカナダに移住して以来、ヒーリングを学び、バンクーバーという街に暮らしながら、10年間ヒーラーとして仕事をしています。クライアントのかたたちのさまざまな事情に接しながら、みなさんの心身の本来の調和をうながすような自然な流れを作るお手伝いをしています。セッションの数は数えていないので、正確ではないものの、覚えている限り少なくとも人種を超えた1000人以上のかたたちの心身の深い部分に触れてきました。ここ10年で、ヒーリングというジャンルに対する理解が世界的に広がり、波動というヒーリング用語などもポピュラーな言葉として、日常会話のなかにも登場するようになり、ヒーラーも日々急増しています。

ひとはなぜ病気になるのか、病気になってしまったら、どうしたら改善されるのか。10年間ヒーリングの仕事をしながら、いつもそのことを考えてきました。

私の住むバンクーバーは、ダウンタウンの真ん中にいても、三方向に山が見え、海に囲まれた入り江に立地する街です。海際には、東京の日比谷公園の24倍近い広さの原生林があり、そこには、樹齢何百年という大樹がそびえ、太古からの営みを休むことなく続けています。そこに生きる樹々や植物たちは、誰に教えられたわけでもなく、光合成をするために、本能的に太陽を追って伸びていき、誰の手伝いも受けずに、内在している生きるための知恵と技量を100%駆使しながら日々成長しています。こうした視点から見ると、植物だけでなく自然の中で生きるものはすべて、生きる知恵のなかに、あたりまえのように自己治癒力、細胞の活性化、危険回避や自己浄化システムを持っているのです。カナダの原生林の中に佇《たたず》んで、ひろげた大きな枝にゆたかに葉を茂らせている樹を眺めているうちに、人々がこれまで歩んできた、現代医療が人々の自己治癒力を失わせてきた道を、今度はヒーラーに依存する形で同じように進んでいるのではないだろうかという思いがよぎりました。

もし、それぞれのひとが、表面に浮上させる意識の波動を選ぶことができれば、舞台で自分というパペット《人形》を操るように、楽しみながら人生を送ることも夢ではないのではないかと考えたのです。ヒーラーはクライアントのかわりに、万華鏡の一瞬の一面を覗いているのにすぎません。最近、ヒーリングという波の流れは、ひとりひとりが自分専属のヒーラーになる時代に向けて押し寄せているように感じます。これからはそれぞれのひとたちが、より質の高い人生を目指していく時期です。ほんとうの「生きている意味」を知って生きることは、質の高い人生を思わせます。自分という多面体の核の部分、真我とも、ハイヤーセルフともよばれている魂の〝宝珠〟の輝きは、どんな面で生きたとしても決して変わらないのです。もしも、内面の輝きを見えにくくしている厚着を脱いで、自分の〝宝珠〟の形や色や輝きにじかに触れ、その存在を体感し、魂が持っている波動のうち、素晴らしい人生を送ることのできるものだけを選んで表面に浮上させることができたら……、まちがいなく隣り合う模様は、素晴らしいものに限定されるに違いないのです。そして、それは自分が自分専属のヒーラーになるということでもあります。自分の宝珠を自分自身で見つけて、その輝きの素晴らしさを受けとめたとき、まちがいなくそこには、自信からくるゆとりと安らぎが待っています。その時こそ、人生のオーガナイザーとして、魅力的なシナリオを書くことが出来るはずです。そして、それは確実に心身の健康にもつながります。宇宙に用意されていたアカシック・レコードというあなたの万華鏡は、いつもあなたの前に置かれています。いつでもあなた自身でその万華鏡を回し、アカシック・レコードの記憶を呼び出してみてください。そして、もしあなたがその景色の中で得られる光を放ちながら、生きることを楽しんでいただけたら、ひとりのヒーラーとしてこれ以上の喜びはありません。アカシック・レコード自己リーディングを誘導する添付ＣＤは、アカシック・リーディングのワークショップに参加しているつもりになって聴きすすんでください。誘導ナレーションにあわせて、バンクーバー原生林の自然音に加え、作曲家 Mark Sato さんが曲をアレンジしてくれました。豊かなカナダの自然のエネルギーをお届けできるものになっていますので、あわせてお楽しみいただければと思います。

バンクーバー在住、スピリチュアル・ヒーラー／オジャ・エム・ゴトウ

18の光の鍵の実践を

終了した方のみ、お進みください。

アカシック・レコード

自己リーディングテキスト

〈同じ内容の誘導CDが付いています。〉

18の光の鍵を手にした皆さん

アカシック・レコードの扉を開ける、「光の鍵」を手にされたみなさん！

アカシック・レコード・リーディングのナビゲーターのオジャです。

これから、アカシック・レコード・リーディングの世界へ、皆さんをお連れしたいと思います。

はじめにお手元の紙に、アカシック・レコードにアクセスするための、スローガンを書いてください。スローガンは、「健康になるために、アカシック・レコードにアクセスしよう！」

……なぜアカシック・レコードにアクセスすると健康になることができるのでしょうか？　それは、アカシック・レコードへのアクセスを通して、あなたがもともと持っていた自己治癒力を取り戻すことができるからです。

☆☆☆

ひとの体を構成している細胞の直径は、１インチ（２．５㎝）の千分の一で、その微小な細胞一個のＤＮＡには、６００ページもある本の、千冊分の情報が閉じ込められています。そのような驚きの構造を持つひとの身体には、もともとは自己治癒システムが組み込まれていたのです。自己治癒力はエネルギーの浄化と再生の力……。

宇宙にあるブラックホールも星の再生を行っているところですね。人の体は宇宙のミニチュアといわれていますから、宇宙にあるものはあなたの体の中にもあるのです。そしてあなたの身体の中の自己治癒部屋のドアをノックするのが、アカシック・レコードへのアクセスなのです。

ノックしてドアが開いたらつながるところは、すべての人々の潜在意識が集まっている、集合無意識帯という、大きな意識の海のようなところです。そこは、宇宙のエネルギーの源と直接つながっています。

アカシック・レコードにアクセスすることをしているうちに、あなたの体にかつて宇宙エネルギーが流れ込んでいた通路が、ふたたびお掃除されて、素晴らしい心身の健康の道が開かれます。

☆☆☆

さあ、それでは、いよいよ、アカシック・レコードにアクセスする準備運動に入りましょう！

これから短い瞑想をしていただきます。目を閉じてください。自分の呼吸に意識を向けてください。

しばらく自然な自分の呼吸に意識を置きます。呼吸を少しずつ深くしていきましょう。ゆっくりと深い呼吸を3回してください。


目を閉じたまま、両腕を体の前に伸ばしてください。手は指を軽くはなして開き、両手をむき合わせる形にします。手と手の間を、サッカーボールがひとつすっぽりとおさまるくらいの間隔に開きます。

あなたの右手から青色の光が出てきます。

あなたの左手から黄色の光が出てきます。

青色と黄色の光が手と手の間で混ざりあいます。光のボールが手の間にはさまっていると想像してください。

その光のボールをそっと回転させてください。青色と黄色の光を混ぜあわせるつもりで回転させてください。しばらく回転を続けるうちに、ボールは色が混ざり合って緑

色になりました。美しく輝きを放っています。

その緑色のボールは地球です。地球を両手で頭の上まで差し上げて、そっと離してください。緑色の地球はゆっくりと宇宙に向かって空を上がっていきます。

手をおろして、空高くのぼっていくのを見送りましょう。宇宙に放たれた地球が宇宙の源と融合するのを見ていましょう。イメージの中で完全に融合するのを見届けたら目を開けてください。

☆☆☆

さあ、心が静かに落ち着いてきましたね。瞑想の間、あなたの思考はとまっていました。忙しい思考の変わりに、静かな安らぎが満ちたはずです。この静かな雑念のない、安らぎに満ちた状態が、アカシック・レコードとアクセスできる状態なのでよく覚えておきましょう。

もうひとつ大切なことがあります。これから受け取るアカシック・レコードからの情報と、自分が考えたことを、わけていかなければなりません。

自分自身の思考からきたものと、アカシック・レコードからきたものを見分けるコツをお教えします。思考からきたものは、あきらかな思考の始まりと終わりがあり、ひとつの思考が始まってから形になるまで時間がかかります。アカシック・レコードからの情報は、その経過がなく、瞬間的にやってきます。あっ!?……なぜこんなことを思いついたんだろう!?　と感じ、すぐにはその意味もわからないはずです。

また、アカシック・レコードから届く情報やアドバイスは、必ずポジティブなものなので、すぐわかります。宇宙はつねに応援の意図をこめて情報を送ってくるので、暗くなってしまうような情報がくることはまずありません。やってくる答えやアドバイスはどんな場合にも、希望に満ちた勇気を与えてくれるものなので、そこを見分ける基準にしてくださいね。

☆☆☆

それでは、ここでアカシック・レコードにアクセスする宣言を述べてください。

「今からアカシック・レコードにアクセスします。どうか宇宙から、愛と真実の記録を届けてください」

　あなたのアカシック・レコードの記録係を呼び出します。

　目を閉じてください。額の目と目の間の内側のあたりに感覚を集中します。自分の呼吸を観察しながら、内的な目で、その場所を見続けてください。額の目と目の間の第三の目があるといわれている部分の内側のあたりに、しだいに、違和感を感じてきます。なにか自分の細胞の感触ではない、別なものが、だんだん形をとってきます。

　それは繊細なエネルギー体で、形を持ち、波動を持っています。ふるふると振動しています。その形をとらえてください。最初はぼんやりしています。それは、まだ遠くにあるからです。それは、最初は点のように見えるかもしれません。

　それは振動していて、しだいに大きくなっています。カメラのピントを合わせるように、少しずつ焦点を合わせてください。それは振動しながら、海のなかで泳いでいるクラゲのような動きで、あなたの第三の目のあたりに、近づいてきます。

　額の目と目の間のあたりの違和感がとても強いものになってきました。感覚をそのあたりに集中させることを続けてください。何度もピントを合わせることを行ってください。それは空に浮かぶ雲のような形かもしれません。あなたが知ってい

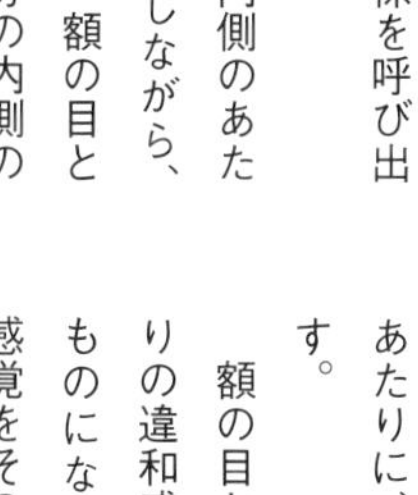

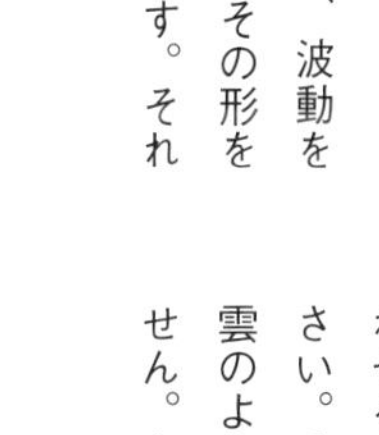

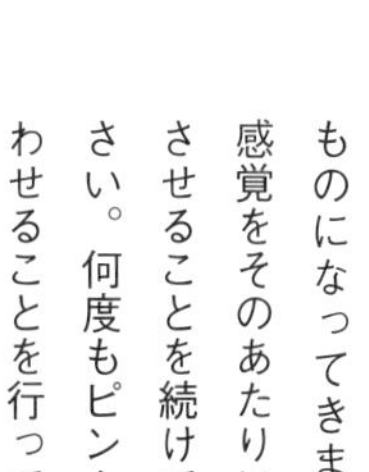

る特定なものに似ている形かもしれません。

さあ、その形をとらえましょう。ゆっくりと目を開けてください。いまとらえた形を紙に描いてみましょう！

それが、あなたのアカシック・レコードの記録係の形です。記録係の形はそれぞれ異なります。それでは、あなたの記録係に向かって、質問を始めます。

☆☆☆

まずこの質問をしてみましょう。

「私が今、解決しなくてはならないことは何ですか？」

質問をしたあとは、待つ……、という状態を作ります。深いゆっくりとした呼吸をしながら、やってくる答えを待ちます。

答えは、言葉で来ることも、映像や画像などのヴィジョンでくる場合もあります。ふっと浮かんだことをとらえて、紙に書きとめます。映像や画像などのヴィジョンが来た場合は、本の巻末にあるオラクルカードから、そのヴィジョンに近いものを探すことができます。

そうしたヴィジョンは、集合無意識からやってきているものなので、古来から多くのひとによってイメージされてきたシンボルととらえ、そのシンボルの意味することを知り、ヴィジョンが、ひとつの、情報の伝達手段として示されたものであると受け取ってください。

オラクルカードには古今東西のさまざまな種族の間での言い伝えや、神話や昔話に由来するシンボルの意味を集めてあります。示されている意味が、陰と陽の両方の方向で書かれているので、ひとつひとつを、イエスまたはノーの答えを求めて、記録係に質問して、最終的に意味していることを見つけましょう。

解決しなくてはならないことの答えとして、仕事、対人関係、健康状態、生活習慣……、などの問題点を示されたら、次に具体的な解決方法をたずねてみます。得られた答えは矢印でつないでいきます。

やってきた情報を読み返しながら、記録係があなたに伝えたい本当の意味を受け取りましょう。これが最終的な答えというところまで行き着いたら、アカシック・レコードの記録を閉じる宣言の言葉を述べます。

「アカシック・レコード記録係！　宇宙から愛と真実の記録を届けてくださってありがとうございました。これでアカシック・レコードを閉じます」

　そして感謝の気持ちで終了します。

☆☆☆

　アカシック・レコード自己リーディングは、いつでもどこでも行うことができます。記録係はあなたのためにも存在しているので、得たい情報があれば、いつでも質問に答えてもらうことができます。

　精神的な問題の解決だけでなく、たとえば失くし物をしたとき、道に迷ってしまったときなどにも、どうか記録係を呼び出して情報を得てください。


　現世の問題に関係している過去生などの情報も、それを知ることで解決の糸口になる例は多く見られます。記録係から取り出した情報は、必ずメモをしておきましょう。一ヶ月後、一年後に読み返すと、そのときにはわからなかったことでも、よく理解できることがあります。

　このリーディング・エクササイズ終了後、一週間、毎日一回、アカシック・レコードを開けて質問を行い、記録係とのつながりを強いものにしていってください。

　そして宇宙からの愛のエネルギーという贈り物を、あなたの健康と飛躍のために、役立ててください。

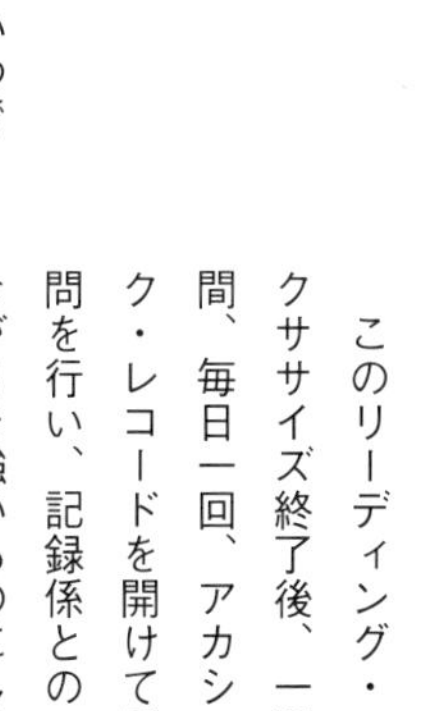

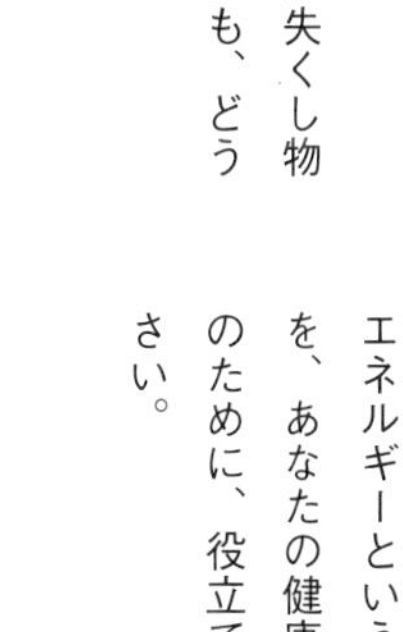

アカシック・レコードの扉《とびら》を開《あ》ける
光《ひかり》の鍵《かぎ》

オジャ・エム・ゴトウ

明窓出版

平成二十三年五月十日初刷発行

発行者――増本利博
発行所――明窓出版株式会社
〒一六四－〇〇一二
東京都中野区本町六－二七－一三
電話　（〇三）三三八〇－八三〇三
ＦＡＸ（〇三）三三八〇－六四二四
振替　〇〇一六〇－一－一九二七六六

印刷所――シナノ印刷株式会社

落丁・乱丁はお取り替えいたします。
定価はカバーに表示してあります。

ISBN978-4-89634-281-9

ホームページ http://meisou.com

Oracle Card

オラクル・カード

神託カードを使って
宇宙が示すヴィジョンの
深い意味を読み解きましょう!

※カードの中にはドラゴンと龍が別々にありますが、西洋的なイメージなら「59 ドラゴン」、日本的なイメージなら「87 龍」を見てください。

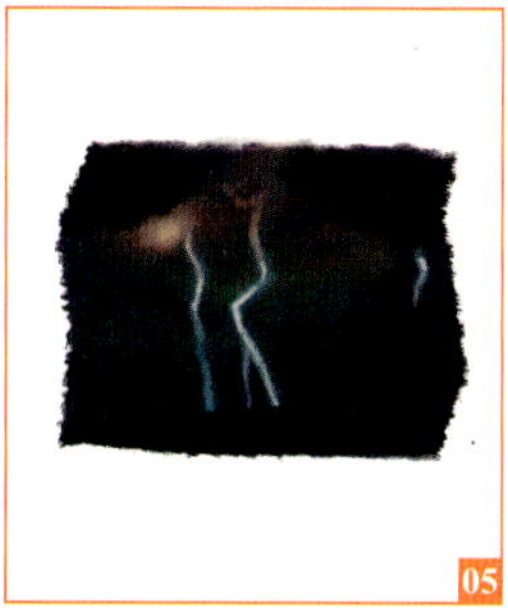

Oracle Card

オラクル・カード

家 House

03

自分探しの答えは自分の中にあるもの。自分を育んでくれたものに向き合う時だと知りましょう。

自己への期待
保護
内省
自己改造
家庭
両親
こだわり
秘密
安全

蟻 Ant

02

まわりの人との連帯、母親からの影響，また自分が備えてきた底力を発揮する時期を考える時です。

集団の力
母親との関係
母親の力の影響
機動力
力強さ
煩わしい問題
努力の必要
隠された力
吉兆

悪魔 The Devil

01

心の奥に秘められた深い部分の本音への気づきと、正面から向き合う好機、と示唆されています。

障害
退行
混乱
倒錯
暗い本能
抑圧された欲望
抑圧された情熱
事故
災難

犬 Dog

06

多様な側面を持つ犬のエネルギー。ヴィジョンの中の犬の様子の印象から，意味を受け取ります。

忠実
優しさ
生活の充実
豊穣
官能的
財産
運気の停滞
冒険
積極性

稲妻 Lightning

05

大きな変化の到来を示唆しています。素晴らしい変化をもたらす方向をもっと探りましょう。

積極性
男性的な力
新しい洞察
盛上がる力
チャンス
未来の変化
霊感
変容
自己犠牲

泉 Spring

04

ルルドの奇跡の泉に象徴される泉のイメージはそれ自体が浄化のエネルギーに満ちています。

治癒力
女性的
うるおい
やさしさ
無邪気な童心
処女性
問題の発覚
源の力
清浄

07

08

09

10

11

12

13

14

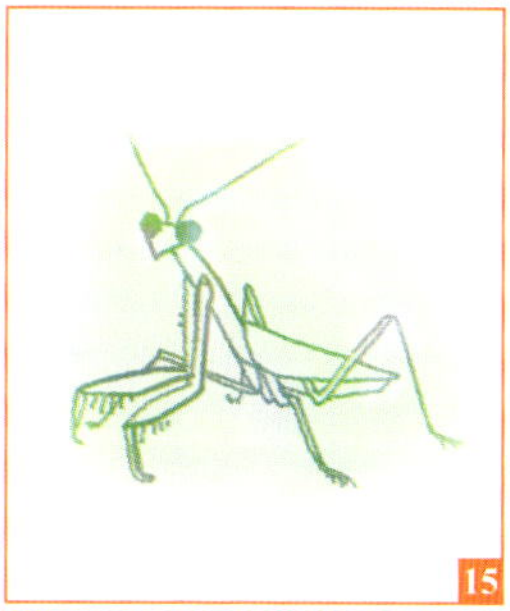
15

16

17

18

宇宙人 E.T.

09

UFO目撃者が急増している現代、他の星からのメッセージも潜在意識を通ってやってきます。

未知への希望
好奇心
生命力
元気
好機
宇宙への誘い
超能力
テレパシー
共時性

牛 Cow

08

豊穣な母性のエネルギーにあふれた牛は、男性的な活力も合わせて備わった力強さの明示です。

温かな母性
忍耐
攻撃性
本能的な力
献身
嘘
かたくなさ
生命力
養育

イルカ Dolphin

07

英知に満ちたイルカは、人智を超える神託をもたらす存在。あなたが果たすべき使命への進言です。

無邪気さ
直感的な賢明さ
素早さ
魂の救済
救い
幸福
やすらぎ
叡智
理想の結婚

オーロラ Aurora

12

古来から北部の先住民族はオーロラを癒しの波動ととらえてきました。神秘的な変化が訪れます。

希望の光
生活の変化
人生の可能性
新しい目標
覚醒レベルの上昇
未知への憧れ
集結
連鎖

海 Ocean

11

海は生命の誕生の源また浄化の場でもあります。浮かんだ海の様子から意味を受け取りましょう。

新旧の交替
ダイナミズム
男性の力
新生
洞察
憧れ
包容力
浄化
宝探し

馬 Horse

10

馬の基本イメージは、根源の活力です。あなたの中にこみ上げている生命力に着目してください。

鋭い直感
明るさ
直感的知恵
賢さ
本能的力
幸運
盲目的なエネルギー
生命力
病気の回復

かまきり Mantis

15

古代には賢者ととらえられ占いにも用いられたかまきり。秘めてきた力が、発揮される時期です。

瞑想
占い
秩序への挑戦
めざめ
攻撃
威嚇
見張り
鎮静
問題の解決

鍵 Key

14

鍵は謎解きの象徴。ミステリアスな探究の不可欠な道具なので、鍵の用途について追求してみます。

謎の存在
謎の解決
心の神秘
永遠の真実
生命力
真実の扉
解決
恋人
身体的緊張

鏡 Mirror

13

「白雪姫」に登場する鏡に問いかける魔女……浮かんだ鏡に自己の内面の真実を映してみましょう。

隠された本音
自己の側面
正しい選択
自己への洞察
ナルシズム
未来への展望
方向の転換
嫉妬心
誘い

川 River

18

川を渡っているイメージなら、今が人生の転機。新しい視野が開ける時で、前進のサインです。

境界線
新しい運命
潜在意識
抵抗
開花
始まり
根底の気持ち
忘却
源とのつながり

カラス Crow

17

アメリカ・インディアンの間では世界の創造主といわれ、新しい創造力や宇宙的生命の象徴です。

源の混沌
始まり
新しい創造力
予言
明るい意識
新しい力
告げ口
霊感
ひらめき

亀 Turtle

16

長寿の象徴でもある亀には秘めた叡智が感じられます。深い意味を含んでいると思われます。

強い存在感
現実主義
用心深さ
慎重さ
利益
援助
落ち着き
忍耐
防衛本能

19

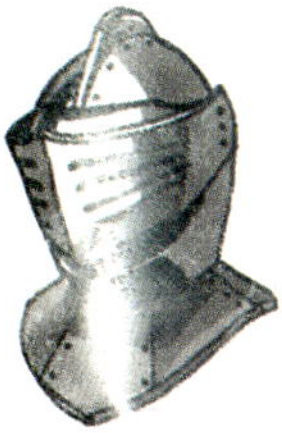

20

21

22

23

24

25

26

27

28

29

30

木 Tree

19

エデンの園に植えられた「生命の樹」は 魂の道しるべ。地球や社会とのつながりも示唆しています。

つながり
人間関係
依存心
根底の気持ち
豊かさ
吸収
安定
成長期
新アイディア

騎士 Knight

20

鎧，兜で身を包む騎士は、献身的な状態を示したり、攻撃と防衛の両極の意味を持つことがあります。

言葉
力
秩序
勇気
守護
防衛
依頼心
こだわり
歓喜

救世主 Christ

21

誰もが心に描くことのある救世主の姿。宇宙の源からのメッセンジャーの進言に気づきましょう。

大いなる力
愛
真実
受容性
宇宙の力
道徳
自己批判
英知
友愛

教会 Church

22

白い教会は結婚に対する願望や希望、苔むした教会は過去生の体験を示す場合が多いようです。

神の秩序
母の胎内
マンダラ
やすらぎ
避難
懺悔
後悔
秘密
救い

キリン Giraffe

23

直面している問題に正面から向き合い、心を決める必要がある時期が来ているのかもしれません。

直感力
鋭い勘
見通し
逃げ足
敏感
デリケート
才知
明るい展望
有能さ

くじゃく Peacock

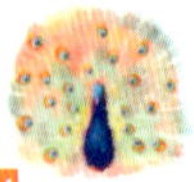

24

くじゃくのヴィジョンが示すのは、女性的で華やかなエネルギーとバランス、完全な統合などです。

統合
完全性
高貴
あでやかさ
女性性
見識
社会性
常識
モラル

くじら Whale

25

大海で勇壮に泳ぎ回るくじらは、気持ちを引き締めなければならない出来事の予兆を示します。

大チャンス
未知の才能
願いが叶う
出会い
精神の高揚
畏敬
認識
直感
コンプレックス

熊 Bear

26

内在する恐れを克服するためのヘルパーの象徴として，熊のヴィジョンが浮かぶことがあります。

混沌
本能の暗い力
荒々しい男性
力強さ
妊娠
独占欲
金銭欲
体力の過信
安産

蜘蛛 Spider

27

個を貫く蜘蛛のエネルギーには多様な角度の暗示が含まれているので方向性を探りましょう。

創造的な力
自己中心的な世界
成長と死
死と再生
力強さ
人生のわな
攻撃性
幻想
依存的感情

クリスタル Crystal

28

何億年もの地球の叡智を内包するクリスタルの純粋性を引き出すパワーに着目してください。

生命の循環
悟り
完全な知恵
中心
無
男性エネルギー
物事の好転
神秘
見えない力

煙 Smoke

29

シャーマンたちが行う煙祓い（スマッジング）は強烈な清めの効果があります。浄化を促す暗示？

清め
魔を払う
無意識の昇華
深いつながり
感情の発露
隠れた心境
前兆
不安の種
こだわり

剣 Sword

30

あなたに守るべきものがあるなら，時には勇気と決断を剣にして問題に立ち向かってみましょう。

勇気
攻撃と守り
決断
裁き
権威
忠誠
葛藤の統合
別れ
ストレス

31

32

33

34

35

36

37

38

39

40

41

42

子供 Child

33

あなたのインナーチャイルドが語りかけています。耳を傾けて、自己の解放を行ってください。

- 幸運
- 事態の好転
- 導き
- 回答
- 孤独な心
- 自己の寂しさ
- 解放を求める
- 自己愛
- 保護

荒野 Wastelamd

32

緑のない、荒れた野原のヴィジョンは、乾いてエネルギーの乏しい状態を示しているので、心を見つめる時です。

- 精神的な自覚
- 退屈
- 臆病な心
- 孤立
- 猜疑心
- 不安感
- 喪失
- 漠然とした恐れ
- こだわり

コウモリ Bat

31

不吉な印象のあるコウモリですが、土地によっては、真実を運ぶ使者という信仰もあります。

- 強力な存在
- 予言
- 長寿
- 思いつき
- 事態の好転
- 裏切り
- 性的誘惑
- 孤独感
- 幸運

鹿 Deer

36

華奢で女性的なエネルギーを持つ鹿のヴィジョンには、未来への神秘的な成長の兆しがあります。

- 警戒心
- 優雅
- 成長
- 再生
- 神秘的
- 宗教的
- 意中の女性
- 栄光
- 将来性

砂漠 Desert

35

幻想的な光と影が広がる砂漠は、浄化と新生の場所。あふれる希望と可能性が示唆されています。

- 瞑想的な静けさ
- 創造の誕生
- 魂の清め
- 罪のつぐない
- 均衡を保つ
- ハーモニー
- 包容力
- 無心
- ひろがり

魚 Fish

34

魚が水中で泳ぐヴィジョンは、今まさに潜在意識に答えを求めている自分自身の姿です。

- コンプレックス
- 新しい予定
- 意識の断片
- 豊かさ
- 実り
- 集合的行動
- 出生
- 勇ましさ
- プロセス

寺院 Temple

39

建物の形が、円形や四角の場合は、マンダラが想起されます。内的な秩序を暗示する場合もあります。

- 魂の聖域
- 神聖
- 浄化
- 内的英知
- 霊的守護
- よい絆
- 技術向上
- 新天地
- 恋愛の進展

白い鳥 White Bird

38

神話では、白い鳥は、昇華された英雄の魂をあらわすこともあります。清らかな美しさへの飛翔へ!

- 清純さ
- 清らかな魂
- メランコリー
- 情熱
- 自己犠牲
- 知らせ
- はじまり
- 予感
- 予兆

車輪 Wheel

37

回り続ける車輪は、心身にエネルギーを取り込むチャクラの様子。物事も含めた活性を意味します。

- 太陽
- 仏陀の教え
- 対立する力
- 能動と受動
- 運命の変化
- 空回り
- 堂々巡り
- 協調性
- 計画

草原 Grasslands

42

草原の持つエネルギーはひとが眠っている感受性や官能を、自然に解き放ち、開いてくれます。

- 官能
- 感覚の拡大
- ひらめき
- 解放
- 虚心坦懐
- 天啓
- 進め!
- 安全
- 保護

象 Elephant

41

動物の中でもっとも力強い象。インドでは聖なる動物で、人間を助け、守ってくれる存在です。

- 力強さ
- 父親の権威
- 保護的な力
- 可能性
- 運勢の上昇
- 悟り
- 尊敬
- 潜在的な力
- 援助

聖母 The Virgin Mary

40

バチカンには数多くの聖母出現が報告されています。愛のメッセージを受け取りましょう。

- 予言
- 予見
- 現れ
- 祈り
- 純粋性
- 清らかな母性
- 若返り
- 愛
- 慈しみ

43

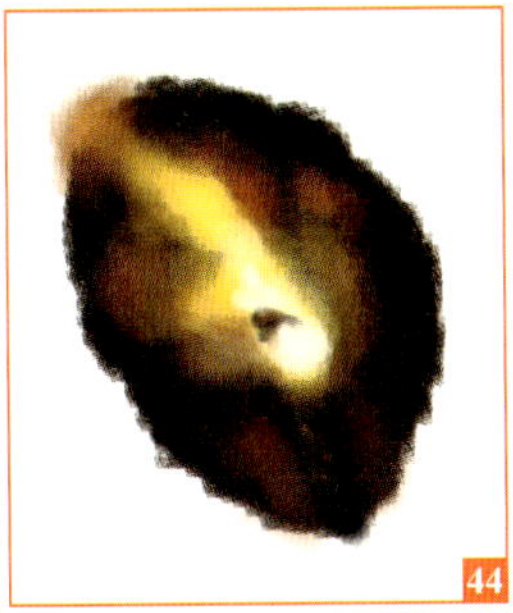
44

45

46

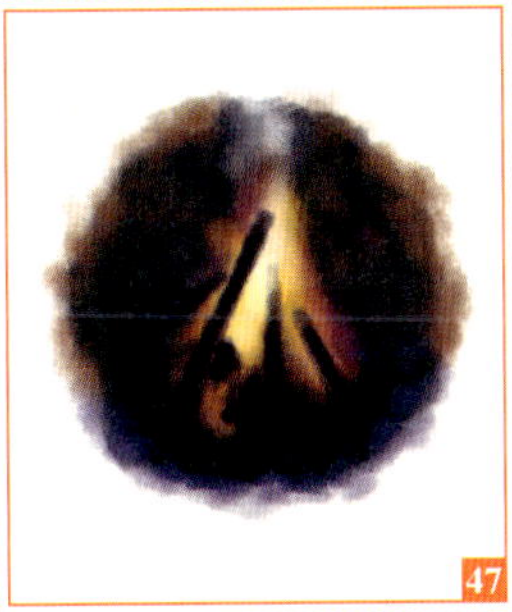
47

48

49

50

51

52

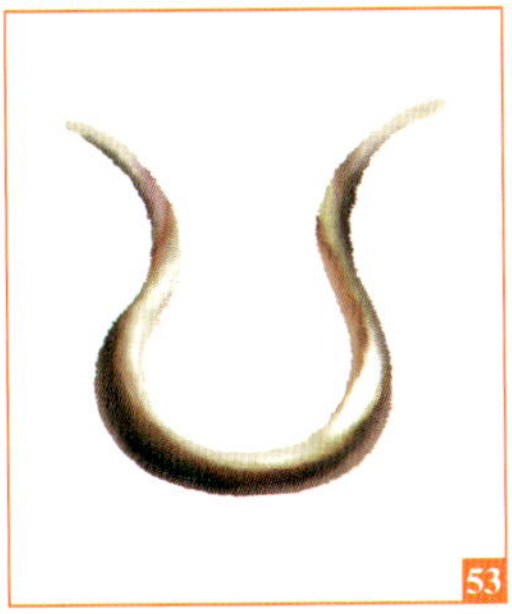
53

54

太陽 Sun

45

- 喜び
- 成長
- 生命の起源
- 快活さ
- 宇宙の窓
- 力と勇気
- 真実
- 透過
- 露見

太陽は自我の象徴。死と再生もあらわし、人間が行きていくのに不可欠な生命の源です。

たいまつ Torch

44

- 自己の発現
- 宝探し
- 進むべき道
- 探索
- 力強さ
- 男性的
- 荒々しさ
- 野性的
- 暴走

夜、闇を照らすたいまつは、自己の中心の象徴。自分のなかの、本物の宝物を見つけてみましょう。

大地 Ground

43

- 自我
- 自己
- 意識の統合
- グラウンディング
- 知恵の摂取
- 視野の拡張
- 切磋琢磨
- 連携
- 救援

母なる大地と、強く結びつくことは、意識と無意識が統合され、自己が完成することでもあります。

竹 Bamboo

48

- 悟り
- 進展
- 成長
- 節目
- 重要なポスト
- 高利益
- 家族の繁栄
- チャンス！
- 貴重な物

空洞に、秘められた悟りを彷彿とする仏教的な考えがあり、仏教徒は竹林で修行を行います。

たき火 Campfire

47

- 暖かさ
- 輝き
- 原始的なエネルギー
- 本能的な力
- 無意識への旅
- 安心
- 仲間意識
- 親密
- 友情

原初的なイメージが定着しているたき火の風景には、心の奥の真実が明らかになる予感が…。

鷹 Hawk

46

- 幸運
- 開運
- 飛躍
- 名声
- 地位
- 成功
- 出世
- ひらめき
- トラブル

日本では名声を運ぶ縁起のいい鳥とされていた鷹は、成功や出世のシンボル。人生に活路を開く鍵。

杖 Cane

51

- 統合
- 調和
- 自己実現
- 自立
- 罰
- 厳格さ
- 義務感
- 抵抗
- 障害

杖は身体を支え、武器としても使うことのできるもの。権力や指導力の象徴として用いられます。

蝶々 Butterfly

50

- 大きな躍進
- 運命の転換
- 死と再生
- 喜び
- 人生
- エネルギー
- 進化
- 軽快さ
- 無執着

蝶はギリシャ神話では地上に生まれた天界の女神、大きく飛躍する人間の心を意味します。

谷 Valley

49

- 人生の危機
- 宝物
- 隠された生命力
- 実りの予感
- 秘密
- 転落
- かげり
- 抑圧
- 深い悩み

谷には、危険と、宝の隠し場所といった実りのイメージの両面があるので質問を進めること。

翼 Wing

54

- 発展性
- 身軽さ
- 飛躍
- 才能
- よい予感
- 浄化
- 拡大
- 解放
- ギフト

ひとは翼を持つ事に憧れ，自分を遠くに運んでくれて発展させてくれる翼を追い求めています。

角 Horn

53

- 権威
- 犠牲
- 男性的な力
- 豊穣
- 秘められた力
- 繁栄
- 分離
- 去勢
- 天と地

動物の身体から切りとられた角には、分離という面と力の象徴を示す両面の意味があります。

月 Moon

52

- 平静
- 理性
- 静けさ
- 女性の問題
- 狂気
- 神秘の力
- 溶解
- 精神性
- 秘めた恋愛

潮の干満と関係する月は、古来からさまざまな女性的なイメージでとらえられています。

55

56

57

58

59

60

61

62

63

64

65

66

時計 Clock

57

時計は占星術では運命を告げる象徴。円形の時計盤は，マンダラのイメージの典型でもあります。

調和
運命
制限
期限
焦燥感
潮時
老い
時効
人生の目的

蝋燭の火 Candle Flame

56

古代インドのベーダの教えでは、ひとは生まれる時に8滴の生命の炎を授かるとされています。

生命の炎
オジャス（活力）
はかなさ
動揺
追憶
記憶
こころもとなさ
収束
多層的

天使 Angel

55

エンジェルの姿のメッセンジャーです。ピュアで清廉なエネルギーにふかく包まれ、耳をかたむけましょう！

救い
純粋さ
慈悲深さ
求める心
邪悪を追い払う
守護を得る
予言
従順
真摯さ

虹 Rainbow

60

ハワイでは結婚式に虹が出ると幸せになれる言い伝えがあります。新しい希望が成就する兆し。

希望
新生
完結
完成
チャクラ浄化
逆転
夢想
変化
好転

ドラゴン Dragon

59

神話やファンタジーに古代から登場する天と地を結ぶ象徴である、現代にも息づく想像上の生物。

永遠のとき
自己治癒
創造性
出世
吉祥
無意識の危険
飛躍
急激な変化
潜在能力

虎 Tiger

58

百獣の王である虎は権威ある存在ですが、中国では新月のエネルギーとも重ねられ、陰の力の象徴。

怒り
狂乱
権威
正義
武勇
自我の確立
ハイリスク
未来の配偶者
新月

蓮 Lotus

63

泥のなかに咲く蓮は、真実が明らかになるような、宇宙的で原初的なイメージに包まれています。

中心
生命の発芽
隠された真実
宇宙の発生
大きな洞察
自己浄化
霊的開花
明るい兆し
強い信念

猫 Cat

62

エジプトでは猫はイシス女神の使者で、結婚の守護神。優美でありながらどこか魔術的なところも。

優美さ
結婚
知恵
幸福
魔術的
嫉妬
金運
性欲
秘密

沼 Swamp

61

底を透過視できない沼は無意識の象徴。自分の限界を広げるためには、底をのぞき込む勇気も必要。

平静
落ち着き
危険の気配
新しい創造
浄化
新生
混沌
恐れ
陰性の力

ヒョウ Leopard

66

ヒョウはギリシャ神話では酒神のバッカスの動物とされていて、本能的な力が出てくる暗示です。

酒宴
情熱
狂乱
攻撃的力
荒々しさ
陰の力
噂
性的欲望
悪い噂

バラ Rose

65

白バラは女性原理、赤バラは男性原理、青バラは不可能，金色バラは物事の達成、八弁のバラは再生。

心
心臓
完成
再生
情熱
性的魅力
才能
幸運の訪れ
心の成長

鳩 Pigeon

64

キリスト教においては、三位一体の精霊を示す精神性のシンボル。また愛を運んでくれる使者です。

魂
繊細な愛
敏感さ
直感
平和
忠誠
純潔
使者
共存

67

68

69

70

71

72

73

74

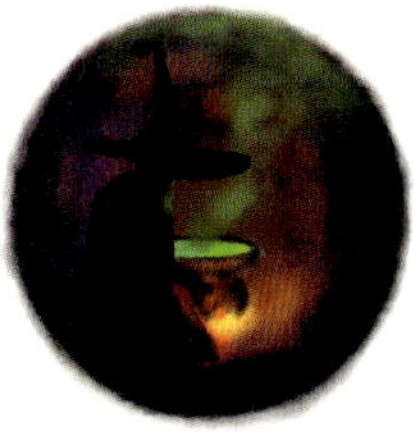
75

76

77

78

フクロウ Owl

69

エジプト象形文字では、死や冷淡を表しますが、ギリシャ神話ではアテネ女神の知恵の象徴です。

- 賢明
- 普遍的な知恵
- 知識
- 案内
- 不正を見透かす
- 守り
- 受け身な態度
- 決断力
- 独走を避ける

風船 Balloon

68

空を飛ぶ風船は軽やかで希望を想起させますが自我や霊性がふくらみすぎている場合も…。

- 希望
- 自我の拡大
- 現実遊離
- かたより
- 霊性の向上
- パーティ
- 無制限
- 憧れ
- 幸運の予兆

ピラミッド Pyramid

67

第三の目のチャクラが活性化された時に、ピラミッドのイメージは出てくるので、霊的な上昇の印。

- 霊的パワー
- 神秘
- 安定した自己
- 深い認識
- 未来の目的
- 業績
- 信念
- 再生
- 統合

船 Ship

72

自我を異なる次元へ移してくれる乗り物。キリスト教で、教会が船にたとえられることもあります。

- 自我
- 幻影
- 超越
- 克服
- 成長
- 転機
- 人間関係
- 方向性
- 計画

葡萄 Grape

71

葡萄から作られワインは、ギリシャ神話では、つかの間の若さと生命の永遠性、犠牲を意味します。

- 自己犠牲
- 依存心
- 若さ
- 束の間の時
- 子宝
- 収穫
- 信頼感
- 友人
- 肉体

仏陀 Buddha

70

限りない慈しみの心を持つ仏陀がメッセンジャーとして現れた時は、特別な啓示が与えられます。

- 病気の治癒
- 問題の解決
- 倫理観の変化
- 道徳観の変化
- 気持ちの変化
- 発展
- 安定
- 静謐
- 存在理由

魔女 Witch

75

おとぎ話の魔法使いのおばあさんのような様子の魔女なら、暗いイメージはあっても母親的存在。

- 否定的なアニマ
- ストレス
- 呑み込む母性
- 形勢逆転への願望
- 未熟
- 束縛
- 復讐心
- 嫉妬心
- 支配欲

星 Star

74

六角形の星形は2つの三角の結合なので、結婚のシンボル、五角形は地獄のシンボルといわれます。

- 精神的な愛
- 肉体的な愛
- 処女性
- 悪魔性
- 交遊
- 直感
- 変化
- 行動
- 希望

蛇 Snake

73

ギリシャ神話の医療の神の化身で病気を癒す力を持つとされる蛇。同様の伝説が多くあります。

- 知恵
- 人生の指標
- スピード
- 機敏さ
- 確かな方向性
- 力の回復
- 再生
- 進化
- 変化

蜜蜂 Honeybee

78

組織的で秩序ある社会を構成している蜜蜂は、生命にとって大切な食料を生み出す神秘的な存在。

- 新しい秩序
- 組織的
- 新しい仕事
- 生命力
- 奉仕
- 従順
- 勤勉
- 幸運
- 繁栄

湖 House

77

海よりも範囲の決められた枠の中の無意識に秘められた運命を表わし、湖面は、自己のとらえかたを示唆します。

- 運命
- 自己回帰
- 孤立
- 神秘
- 再生
- 自我の変容
- 沈黙
- 自己愛
- 平静

窓 Window

76

希望や可能性という明かりを得る意識をあらわし、塔の上にある窓は、グローバルな視野の啓示。

- 希望
- 可能性
- 視野の拡大
- 認識力
- 自己分析
- 異性関係
- 内面
- 開放
- 逃避

79

80

81

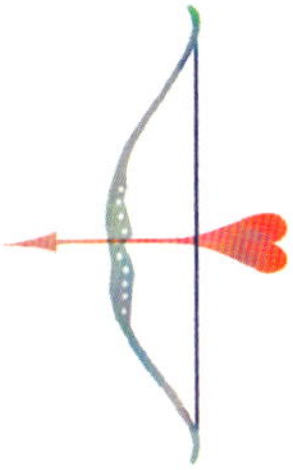
82

83

84

85

86

87

88

89

90

山 Mountain

81

一座二座と数える山は、安定した動かない男性的なエネルギーを含み、自我の確立を明示します。

- 自我の確立
- 問題点
- 予見
- 創造性
- 静かな力
- 知的なひらめき
- 苦行
- 神託
- 安心

森 Forest

80

森に入っていくヴィジョンが浮かんだら、自分の深いところに探検しようとしていること。

- 無意識への探検
- 危険
- 悪魔的
- 体力の低下
- 恐れ
- 冒険心
- 好奇心
- 隠遁
- 探求

目 Eye

79

第三の目は、インドではシバ神の象徴で、破壊と創造の力、手の中にある目は透視の力を表わします。

- 洞察力
- 神秘的な力
- 超越的な力
- 透視力
- 隠れた能力
- 意識の拡張
- 明確な理解
- 運気上昇
- 夜の光

ライオン Lion

84

エネルギッシュで宇宙的な権力の象徴。錬金術では硫黄を意味し、男性的な意識を表わします。

- 王権
- 明るい意識
- 隠れた情熱
- 意識のめざめ
- 秩序の回復
- 勝利
- 体力
- 気力
- 強い性欲

百合 Lily

83

キリスト教においては聖処女のシンボル。一般的には女性的で清純なエネルギーを放っています。

- 清純
- 忠誠
- 女性原理
- 権威
- 清らかな愛
- 永遠の愛
- 高貴な女性
- 気高い愛
- プラトニックラブ

弓矢 A bow and Arrow

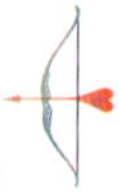

82

心臓にささった矢は結合の証。シバ神や太陽神アポロンの持ちもので、大地を清める力を持ちます。

- 張りつめた緊張
- 男女の結合
- 求愛
- 大志
- 野心
- 目標を定める
- 願望達成
- 援助を得る
- 恋が実る

龍 Serpent

87

成長する心や、創造力を上昇させてくれる想像上の生物。時に神託を運んだり、保護してくれる存在。

- 上昇
- 自我の確立
- 成功をつかむ
- 幸運の訪れ
- 急速な発展
- 加勢される
- 運気上昇
- 名声を得る
- 財を得る

ランプ Lamp

86

ランプの光は闇に光る自己のイメージ。魔法のランプなら、好奇心という願いに応えてくれます。

- 精神の輝き
- 生命力
- 好奇心
- 永遠の真実
- 好奇心
- 新しい発見
- 心の遍歴
- 激しい恋の進展
- 解決願望

駱駝 Camel

85

砂漠で人や荷物を運んでくれる半野生のらくだは、力強いヘルパーのイメージが強くあります。

- 忍耐
- がんばり
- 人助け
- 持続力
- 内なる力
- 責務
- 頑固
- 洞察
- 静謐

鷲 Eagle

90

孤高を誇る鳥類の王である鷲はネイティブ・インディアンの間では天からの使者的存在です。

- 勇気
- 知恵
- 神性とのつながり
- 願いがかなう
- 偉大さ
- 光
- 理想
- 父親の権威
- 支配力

老人 Elderly

89

ユング心理学では老賢人は、男性の成長の最終的な段階。仙人なら永遠の少年とも受け取れます。

- 切実な願い事
- 将来への模索
- 気力の衰え
- ヒント
- 普遍的真実
- 宇宙へのつながり
- 敬虔な心
- 神託
- 事態の好転

リンゴ Apple

88

エデンの園では、リンゴは知恵の実。イヴの「知りたい!」という欲求の象徴的な果物でした。

- 物質欲
- 知恵
- 知識への
- 憧れ
- 性的誘惑
- 恋愛
- 財産
- 女性器
- 恋におちる